MANDALAS
ADULT COLORING BOOK

THIS BOOK BELONGS TO

....

Mandala

Coloring Page for Adults

Mandala

Coloring Page for Adults

Mandala

Coloring Page for Adults

Mandala

Coloring Page for Adults

Mandala

Coloring Page for Adults

Mandala

Coloring Page for Adults

Mandala

Coloring Page for Adults

Mandala

Coloring Page for Adults

Mandala

Coloring Page for Adults

Mandala

Coloring Page for Adults

Mandala

Coloring Page for Adults

Mandala

Coloring Page for Adults

Mandala

Coloring Page for Adults

Mandala

Coloring Page for Adults

Mandala

Coloring Page for Adults

Mandala

Coloring Page for Adults

Mandala

Coloring Page for Adults

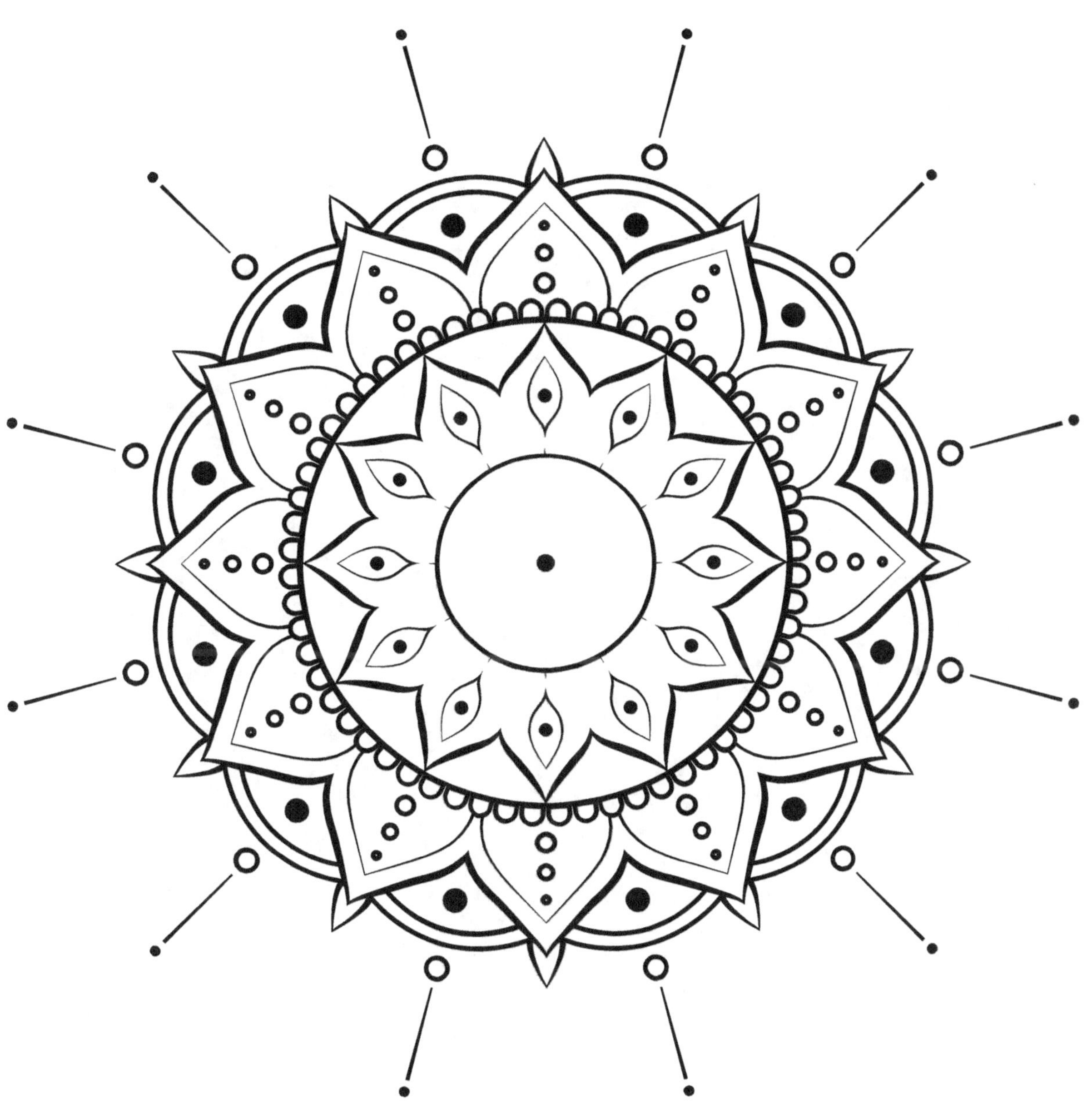

Mandala

Coloring Page for Adults

Mandala

Coloring Page for Adults

Mandala

Coloring Page for Adults

Mandala

Coloring Page for Adults

Mandala

Coloring Page for Adults

Mandala

Coloring Page for Adults

Mandala

Coloring Page for Adults

Mandala

Coloring Page for Adults

Mandala

Coloring Page for Adults

Mandala

Coloring Page for Adults

Mandala

Coloring Page for Adults

Mandala

Coloring Page for Adults

Mandala

Coloring Page for Adults

Mandala

Coloring Page for Adults

Mandala

Coloring Page for Adults

Mandala

Coloring Page for Adults

Mandala

Coloring Page for Adults

Mandala

Coloring Page for Adults

Mandala

Coloring Page for Adults

Mandala

Coloring Page for Adults

Mandala

Coloring Page for Adults

Mandala

Coloring Page for Adults

Mandala

Coloring Page for Adults

Mandala

Coloring Page for Adults

Mandala

Coloring Page for Adults

Mandala

Coloring Page for Adults

Mandala

Coloring Page for Adults

Mandala

Coloring Page for Adults

Mandala

Coloring Page for Adults

Mandala

Coloring Page for Adults

Mandala

Coloring Page for Adults

Mandala

Coloring Page for Adults

CHEERS!